我不放棄

新雅文化事業有限公司
www.sunya.com.hk

小跳豆
幼兒情緒故事系列

跟着跳跳豆和糖糖豆一起學習情緒管理！

　　情緒是人類與生俱來的本能，是一種既複雜又難以言明的生理及心理反應。日常生活中，經常會發生一些令孩子情緒受困擾的事情，而很多時候，孩子都不懂得訴說自己的情緒狀態，更不能自己化解。大多數成年人都能接受正面的情緒，例如快樂、喜悅或驚喜，但卻難以接受，甚至傾向壓抑負面的情緒，例如生氣、害怕或難過。因此，家長也應該學習情緒管理，才知道如何有效地幫助孩子化解負面情緒。

　　《小跳豆幼兒情緒故事系列》共6冊，透過跳跳豆和糖糖豆的日常生活經歷，展現各種孩子經常出現的情緒，例如：生氣、害怕、難過、妒忌、想放棄和太興奮，並透過故事讓家長和孩子具體地認識情緒及學習適當地處理情緒的方法。

　　書後設有「我的感覺」和「我的選擇」兩個延伸活動。以書中的故事作基礎，透過親子互動和討論，讓孩子和父母進一步了解更多與情緒有關的學問，一起成為優秀的情緒管理者。

新雅・點讀樂園 升級功能

讓親子閱讀更有趣！

　　本系列屬「新雅點讀樂園」產品之一，若配備新雅點讀筆，爸媽和孩子可以使用全書的點讀和錄音功能，聆聽粵語朗讀故事、粵語講故事和普通話朗讀故事，亦能點選圖中的角色，聆聽對白，生動地演繹出每個故事，讓孩子隨着聲音，進入豐富多彩的故事世界，而且更可錄下爸媽和孩子的聲音來說故事，增添親子閱讀的趣味！

　　「新雅點讀樂園」產品包括語文學習類、親子故事和知識類等圖書，種類豐富，旨在透過聲音和互動功能帶動孩子學習，提升他們的學習動機與趣味！

想了解更多新雅的點讀產品，請瀏覽新雅網頁(www.sunya.com.hk)或掃描右邊的QR code進入 新雅・點讀樂園 。

如何使用新雅點讀筆閱讀故事？

1. 下載本故事系列的點讀筆檔案

1 瀏覽新雅網頁(www.sunya.com.hk) 或掃描右邊的QR code 進入 新雅•點讀樂園 。

2 點選 下載點讀筆檔案 ▶ 。

3 依照下載區的步驟說明，點選及下載《小跳豆幼兒情緒故事系列》的點讀筆檔案至電腦，並複製至新雅點讀筆的「BOOKS」資料夾內。

2. 啟動點讀功能

開啟點讀筆後，請點選封面右上角的 新雅•點讀樂園 圖示，然後便可翻開書本，點選書本上的故事文字或圖畫，點讀筆便會播放相應的內容。

3. 選擇語言

如想切換播放語言，請點選內頁右上角的 粵 ☆ 普 圖示，當再次點選內頁時，點讀筆便會使用所選的語言播放點選的內容。

4.播放整個故事

如想播放整個故事，請直接點選以下圖示：

5.製作獨一無二的點讀故事書

爸媽和孩子可以各自點選以下圖示，錄下自己的聲音來說故事！

1. 先點選圖示上 爸媽錄音 或 孩子錄音 的位置，再點 OK，便可錄音。

2. 完成錄音後，請再次點選 OK，停止錄音。

3. 最後點選 ▶ 的位置，便可播放錄音了！

4. 如想再次錄音，請重複以上步驟。注意每次只保留最後一次的錄音。

爸媽請使用
這個圖示錄音

孩子請使用
這個圖示錄音

糖糖豆很喜歡跳跳豆，
無論跳跳豆在踏單車，
還是走平衡木，
糖糖豆總愛在後面跟着哥哥。

這天，跳跳豆和糖糖豆來到公園。
跳跳豆看見了跑步徑，
便迫不及待的跑過去。
「哥哥，我可以和你一起跑嗎？」
糖糖豆說。
「好啊，我們來比賽吧！」
跳跳豆興奮地說。

跳跳豆和糖糖豆站在
跑步徑的起點。
「一，二，三，開始！」
跳跳豆話音剛落，
便飛快地向前衝。
糖糖豆努力地跟隨在後面。

糖糖豆越跑越慢，
越跑越慢，
遠遠落後了。
她發現要追上哥哥
真的很難啊！

最後，糖糖豆不再跑了。
跳跳豆看見了，便跑過來問：
「妹妹，你為什麼停下來？」
「哥哥，你跑得太快了。
我追不上來，也跑不動了！」
糖糖豆沮喪地説。

15

跳跳豆想到了一個方法。他說：
「妹妹，我們先來個小短跑，
好嗎？」
糖糖豆雀躍地點頭，說：
「好啊！」

跳跳豆指着前方，說：
「來，我們一起跑到
長椅子那邊去。」

糖糖豆跟着跳跳豆一起跑。
當她跑到長椅子的時候，
跳跳豆稱讚她做得好。

接着，跳跳豆又指向
遠處的一棵樹。
「這次我們跑到那邊去。」
跳跳豆説，
「如果你能夠完成，
會有一份神秘禮物啊！」
糖糖豆接受了哥哥的挑戰。

那天晚上，糖糖豆在睡覺前，
發現書桌上有一幅圖畫。
原來跳跳豆畫了一幅獎狀給她，
作為她完成比賽的神秘禮物呢！

糖糖豆越來越喜歡和跳跳豆
一起跑步。
每次他們都比一比能跑到多遠。
這次跑到滑梯去，
下次跑到水池邊。
糖糖豆感到很快樂！

雖然糖糖豆仍然跑得不及
跳跳豆那麼快，
但是她比以前跑得更快，
而且糖糖豆知道，
當遇到困難的時候，
只要訂下一個個小目標，
並堅持下去，自己也可以進步的。

我的感覺

小朋友，跳跳豆和糖糖豆遇到下面這些事情時，心情怎麼樣？請參考提供的情緒詞彙，說說看。

 興奮　 有信心　 沮喪　 生氣

1.

一起玩耍

2.

跑得不及別人快

3.

完成了目標

給爸媽的話

跟孩子討論故事角色的情緒，可以幫助孩子學會理解他人的感受。家長可在這部分為孩子介紹描述情緒的詞彙，同時讓他們分享自己的感覺。

我的選擇

小朋友，如果你遇到自己不擅長的事，你會選擇哪一個做法？請說說看。

1.

大哭起來

2.

放棄不做

3.

請教別人

4.

繼續努力嘗試

給爸媽的話

一般處理情緒的方法包括發洩、控制、轉移和疏導。家長可通過角色扮演的方式，讓孩子能更深刻體會故事角色的遭遇，並選擇合乎自己需要的方式。

小跳豆幼兒情緒故事系列
我不放棄

原著：楊幼欣
改編：新雅編輯室
繪圖：何宙樺
責任編輯：趙慧雅
美術設計：陳雅琳
出版：新雅文化事業有限公司
香港英皇道499號北角工業大廈18樓
電話：(852) 2138 7998
傳真：(852) 2597 4003
網址：http://www.sunya.com.hk
電郵：marketing@sunya.com.hk
發行：香港聯合書刊物流有限公司
香港荃灣德士古道220-248號荃灣工業中心16樓
電話：(852) 2150 2100
傳真：(852) 2407 3062
電郵：info@suplogistics.com.hk
印刷：中華商務彩色印刷有限公司
香港新界大埔汀麗路36號
版次：二〇二一年三月初版
二〇二三年一月第三次印刷
ISBN: 978-962-08-7579-3
© 2021 Sun Ya Publications (HK) Ltd.
18/F, North Point Industrial Building, 499 King's Road, Hong Kong
Published in Hong Kong SAR, China
Printed in China